DAS HINDUISTISCHE MYTHOLOGIEBUCH DER DÄMONEN

EINE EINFÜHRUNG IN DIE HINDUISTISCHEN ASURAS UND RAKSHASAS

Treten Sie ein in das Reich des Unbekannten mit dem Buch der Dämonen der Hindu-Mythologie, einer umfassenden und fesselnden Erkundung der dunklen und geheimnisvollen Kräfte, die den hinduistischen Kosmos prägen. Von den furchterregenden Rakshasas bis zu den Asuras taucht dieses Buch in die faszinierende Welt der hinduistischen Dämonen ein und untersucht ihre Ursprünge, Beweggründe und legendären Taten.

Vom mächtigen Hiranyakashyap bis zum gerissenen Ravana nimmt dieses Buch Sie mit auf eine Reise durch das reiche und komplexe Pantheon der hinduistischen Dämonologie. Erforschen Sie die epischen Schlachten zwischen den Asuras und den Göttern, decken Sie ihre Beweggründe und Wünsche auf und gewinnen Sie Einblick in ihre Rolle bei der Gestaltung des Schicksals der Menschheit.

Mit detaillierten Beschreibungen, fesselnden Illustrationen und historischem Kontext bietet dieses umfassende Handbuch eine einzigartige und fesselnde Einführung in die Asuras, die ihre Bedeutung in der hinduistischen Mythologie und ihren anhaltenden Einfluss auf die indische Kultur offenbart.

Andhaka

Andhaka ist eine bemerkenswerte Figur in der hinduistischen Mythologie, insbesondere in den Erzählungen über die Asuras (Dämonen). Er wurde dem Asura-König Hiranyaksha und seiner Königin nach intensiver Buße und dem Segen des Herrn Shiva geboren. Der Name Andhaka, der auf Sanskrit blind bedeutet, bezieht sich auf seine anfängliche Blindheit und Missbildung bei der Geburt. Trotz dieser Herausforderungen ist Andhakas Geschichte eine Geschichte der Transformation, des Ehrgeizes und der letztendlichen Konfrontation mit dem Göttlichen. Seine Lebensgeschichte verwebt Themen wie Begehren, Macht und Erlösung und verdeutlicht das komplizierte Zusammenspiel zwischen dem Göttlichen und dem Dämonischen in der hinduistischen Überlieferung.

Andhaka erhielt durch intensive Buße immense Kraft und nahezu Unverwundbarkeit. Er besaß die einzigartige Fähigkeit, sich aus jedem Tropfen seines Blutes, der den Boden berührte, zu vervielfältigen, was ihn unglaublich schwer zu besiegen machte. Seine Fähigkeit, sich schnell von Wunden zu regenerieren, trug zu seiner furchterregenden Natur bei. Von Shiva gesegnet, besaß Andhaka auch göttliche Gunst, was zu seinen frühen Erfolgen beitrug. Seine natürliche Führungsqualitäten und seine Befehlsgewalt über riesige Dämonenarmeen machten ihn zu einer großen Bedrohung für die Götter.

Andhakas Konflikt mit Shiva entstand, als Andhaka, geblendet von Begierde, versuchte, Parvati, Shivas Gemahlin, zu besitzen. Dies führte zu einem erbitterten Kampf zwischen Andhaka und Shiva. In einem Kampf, der den Kosmos erschütterte, musste Shiva die regenerative Bedrohung durch Andhakas Blut abwehren. Er beauftragte die grimmige Göttin Kali, oder in manchen Darstellungen die mächtige Gottheit Virabhadra, das Blut zu verzehren, bevor es weitere Dämonen hervorbringen konnte. Shiva besiegte Andhaka schließlich, indem er ihn auf seinem Dreizack aufspießte.

Bakasura

Bakasura, ein Dämon im Bhagavatam, wird als gigantische kranichähnliche Kreatur dargestellt, die die Gegend um Vrindavan terrorisiert. Vom bösartigen König Kamsa ausgesandt, um Krishna zu töten, nutzt Bakasura seine gewaltige Größe und seinen scharfen Schnabel, um die Herzen der Dorfbewohner in Angst und Schrecken zu versetzen. Eines Tages, als Krishna und seine Freunde ihr Vieh hüten, greift Bakasura sie an und hat es besonders auf Krishna abgesehen.

Mit seinem riesigen Schnabel verschlingt Bakasura Krishna, weil er glaubt, dass er seine Aufgabe erfüllt hat. Doch Krishna, der über göttliche Kraft und Macht verfügt, bleibt unverletzt und beginnt, im Rachen des Dämons intensive Hitze zu erzeugen. Da Bakasura den brennenden Schmerz nicht ertragen kann, ist er gezwungen, Krishna auszuspucken.

Es kommt zu einem heftigen Kampf zwischen Krishna und Bakasura, bei dem der Dämon seinen Schnabel und seine Krallen zum Angriff einsetzt. Krishna, der seine göttlichen Fähigkeiten unter Beweis stellt, fängt Bakasuras Schnabel, zerreißt ihn und tötet den Dämon auf der Stelle. Der Tod von Bakasura bringt den Dorfbewohnern und Krishnas Freunden, die Zeuge seiner wundersamen Macht werden, große Erleichterung und Freude.

Diese Begebenheit unterstreicht Krishnas Rolle als göttlicher Beschützer und seine Fähigkeit, böse Mächte mühelos zu bezwingen. Die Geschichte von Bakasura unterstreicht die Themen des göttlichen Eingreifens, des Triumphs des Guten über das Böse und der schützenden Natur Krishnas gegenüber seinen Anhängern. Bakasuras Niederlage durch Krishna stärkt den Glauben an die überragende Macht und das Wohlwollen des Göttlichen.

Bhasmasura

Bhasmasura ist ein Dämon in der Hindu-Mythologie, der für seinen besonderen Segen und seinen späteren Untergang bekannt ist. Er war ein Verehrer des Herrn Shiva und verrichtete intensive Bußübungen, um von dem Gott einen besonderen Segen zu erhalten. Erfreut über seine Hingabe, verlieh Shiva ihm die Macht, jeden in Asche (bhasma) zu verwandeln, indem er einfach seine Hand auf dessen Kopf legte.

Bhasmasura, der von seiner neu gewonnenen Macht überwältigt war, wurde arrogant und begann, die Gabe zu missbrauchen. Schließlich wandte er sich gegen Shiva und versuchte, den Segen an dem Gott selbst zu testen. Als Shiva die Gefahr erkannte, floh er und suchte die Hilfe des Herrn Vishnu. Vishnu nahm die Gestalt der Zauberin Mohini an und näherte sich Bhasmasura.

Verzaubert von Mohinis Schönheit, ließ sich Bhasmasura leicht täuschen. Mohini forderte ihn zu einem Tanzwettbewerb heraus und brachte ihn mit einem Trick dazu, seine Hand auf seinen eigenen Kopf zu legen. Daraufhin wurde Bhasmasura durch seine eigene Kraft in Asche verwandelt und beendete so seinen Schrecken.

Bhasmasuras Geschichte wird oft als warnendes Beispiel für die Gefahren des Ehrgeizes und die Bedeutung der Demut angesehen. Trotz seines Untergangs bleibt Bhasmasura eine bedeutende Figur in der hinduistischen Mythologie, die an die Folgen von unkontrollierter Macht und Ego erinnert.

Seine Geschichte wird auch in verschiedenen Formen der indischen Kunst und Literatur, einschließlich Skulptur, Malerei und Tanz, gefeiert. Insgesamt lehrt Bhasmasuras Geschichte wertvolle Lektionen über die Bedeutung von Selbsterkenntnis, Disziplin und Demut, um wahre Erfüllung und Erfolg zu erreichen.

Hiranyakashyap

Hiranyakashyap ist ein mächtiger Dämonenkönig in der Hindu-Mythologie, der für seine intensive Feindschaft mit Lord Vishnu und dessen Sohn Prahlada bekannt ist. Nachdem er schwere Buße getan hatte, erhielt Hiranyakashyap von Brahma einen Segen, der ihn nahezu unbesiegbar machte, da er weder von Menschen noch von Tieren, weder im Haus noch im Freien, weder bei Tag noch bei Nacht, weder auf der Erde noch im Himmel noch mit irgendeiner Waffe getötet werden konnte. Durch diesen Segen ermutigt, erklärte er sich zum obersten Herrscher des Universums und verlangte, dass alle ihn anstelle der Götter verehren sollten. Sein eigener Sohn, Prahlada, blieb ein gläubiger Anhänger Vishnus, was Hiranyakashyap sehr erzürnte.

Trotz zahlreicher Versuche, Prahlada zu bestrafen und sogar zu töten, blieb der Junge unversehrt, geschützt durch seinen unerschütterlichen Glauben an Vishnu. In einer kulminierenden Konfrontation forderte Hiranyakashyap Prahlada auf, ihm Vishnu zu zeigen, und spottete über die Vorstellung, dass der Gott allgegenwärtig sein könnte. Daraufhin erschien Vishnu in der Gestalt von Narasimha, einem Avatar, der halb Mensch, halb Löwe war, und stieg aus einer Säule. Narasimha tötete Hiranyakashipu in der Dämmerung auf der Schwelle eines Hofes, indem er ihn auf seinen Schoß setzte und seine Klauen benutzte, und erfüllte damit die Bedingungen von Brahmas Segen. Dieses dramatische Ereignis unterstreicht den Triumph des Guten über das Böse und die Macht der Hingabe.

Die Geschichte von Hiranyakashyap ist eine zentrale Erzählung bei der Feier des Holi-Festes und wird oft als warnende Geschichte über die Gefahren des Stolzes und die Bedeutung der Demut gesehen. Sein Tod dient als Mahnung, dass selbst die mächtigsten Wesen ihrem eigenen Ego und ihrer Arroganz zum Opfer fallen können.

Kaliya

Kaliya ist eine furchterregende Schlange in der Hindu-Mythologie, die dafür bekannt ist, den Yamuna-Fluss und seine Umgebung zu vergiften. Diese giftige Schlange hatte sich in einem tiefen Becken des Flusses eingenistet, wodurch das Wasser vergiftet wurde und die örtliche Flora und Fauna bedrohte. Die in der Nähe lebenden Menschen und Tiere litten sehr unter dem vergifteten Wasser, und die Region wurde von Angst überflutet.

Der junge Gott Krishna, der im nahe gelegenen Dorf Vrindavan lebte, beschloss, sich Kaliya entgegenzustellen, um das Gleichgewicht und den Frieden wiederherzustellen.

Krishna sprang furchtlos in die Yamuna und lieferte sich einen erbitterten Kampf mit Kaliya. Trotz der vielen Köpfe und der immensen Stärke von Kaliya setzte sich Krishnas göttliche Kraft durch. Er unterwarf die Schlange, indem er auf ihren vielen Köpfen tanzte und Kaliya in die Unterwerfung zwang. Die Frauen von Kaliya, die Nagapatnis, flehten Krishna an, das Leben ihres Mannes zu verschonen, brachten Gebete vor und baten um Vergebung.

Von ihrer Hingabe gerührt, vergab Krishna Kaliya, befahl ihm aber, die Yamuna zu verlassen und nie wieder zurückzukehren. Kaliya, gedemütigt und reumütig, zog mit seiner Familie zum Ozean hinaus. Diese Episode aus Krishnas Leben, die in Kunst und Literatur oft dargestellt wird, symbolisiert den Sieg des Guten über das Böse und die Reinigung der Natur. Die Geschichte von Kaliya erinnert an Krishnas Rolle als Beschützer und Bewahrer und verkörpert das göttliche Eingreifen zur Wiederherstellung der Harmonie.

Die Geschichte von Kaliya lehrt die Bedeutung von Demut und Respekt vor der göttlichen Macht des Herrn Krishna.

Kamsa

Kamsa ist eine wichtige Figur in dem Hindu-Epos Mahabharata. Er ist ein berüchtigter Tyrann in der hinduistischen Mythologie, der vor allem als böser Onkel von Lord Krishna bekannt ist. Er war der Herrscher des Königreichs Mathura und der Bruder von Devaki, Krishnas Mutter. Kamsas Leben nahm eine düstere Wendung, als eine Prophezeiung voraussagte, dass Devakis achtes Kind ihn vernichten würde. In einem verzweifelten Versuch, diese Prophezeiung zu vereiteln, sperrte Kamsa Devaki und ihren Mann Vasudeva ein und tötete ihre ersten sechs Kinder.

Das siebte Kind, Balarama, wurde jedoch auf wundersame Weise in den Schoß von Rohini übertragen, und das achte Kind, Krishna, wurde heimlich aus dem Gefängnis geschmuggelt, um von Nanda und Yashoda in Gokul aufgezogen zu werden. Trotz zahlreicher Versuche, Krishna durch verschiedene Dämonen und Intrigen zu töten, scheiterte Kamsa jedes Mal. Krishna, der mit göttlicher Kraft und Weisheit aufwuchs, kehrte schließlich nach Mathura zurück. In einem entscheidenden Kampf stellte sich Krishna Kamsa, überwältigte ihn und erfüllte die Prophezeiung, indem er ihn tötete.

Kamsas Schreckensherrschaft endete mit seinem Tod und stellte Frieden und Gerechtigkeit in Mathura wieder her. Seine Geschichte unterstreicht die Themen des Schicksals, des göttlichen Eingreifens und des endgültigen Triumphs des Guten über das Böse. Kamsas Geschichte ist ein wesentlicher Bestandteil der größeren Erzählung von Krishnas Leben und seiner Mission.

Die Moral der Geschichte über Kamsa ist, dass unkontrollierter Ehrgeiz, Gier und Stolz zu Untergang und Zerstörung führen können. Kamsas Besessenheit, Krishna zu beseitigen und seine Macht zu erhalten, führt letztlich zu seinem eigenen Untergang. Die Geschichte hebt auch die Bedeutung von Demut, Mitgefühl und Selbstlosigkeit hervor, wie sie von Krishnas Charakter verkörpert werden. Darüber hinaus lehrt die Geschichte, dass das Gute letztlich über das Böse triumphiert und dass die Gerechtigkeit am Ende siegen wird.

Keshi

Keshi ist ein furchterregendes Dämonenpferd in der hinduistischen Mythologie, das vom Tyrannen Kamsa ausgesandt wurde, um den jungen Gott Krishna zu töten. Keshi war für seine immense Stärke und seine furchterregende Gestalt bekannt und richtete überall, wo er auftauchte, Chaos an. Seine Mähne war wie loderndes Feuer, und sein Wiehern ließ die Herzen der Bewohner von Vrindavan in Angst und Schrecken versetzen. Fest entschlossen, Krishna zu vernichten, stürmte Keshi nach Vrindavan und richtete auf seinem Weg Zerstörung an.

Als Keshi Krishna gegenüberstand, kam es zu einem erbitterten und intensiven Kampf. Trotz der gewaltigen Kraft von Keshi blieb Krishna ruhig und gelassen. Krishna packte Keshi an den Beinen und wirbelte ihn herum, um seine göttliche Kraft zu demonstrieren. Dann zwang er Keshis Mund auf und stieß seinen Arm in den Hals des Dämons. Krishnas Arm dehnte sich aus, erstickte Keshi und verursachte schließlich seinen Tod.

Der Sieg über Keshi war eine weitere Demonstration von Krishnas göttlichen Fähigkeiten und seiner Rolle als Beschützer der Unschuldigen. Die Dorfbewohner von Vrindavan wurden wieder einmal vor einer schrecklichen Bedrohung bewahrt, was ihren Glauben an Krishna stärkte. Die Geschichte von Keshi ist ein Zeugnis für die Macht des Guten, das über das Böse triumphiert, und unterstreicht Krishnas Mission, die Welt von bösartigen Kräften zu befreien.

Die Geschichte von Keshi hebt den Triumph des Guten über das Böse hervor und zeigt, dass Rechtschaffenheit und göttliche Gerechtigkeit immer siegen werden. Sie unterstreicht die Bedeutung des Glaubens an den göttlichen Schutz, denn Krishna rettet die Dorfbewohner von Vrindavan vor Gefahren.

Kumbhakarna

Kumbhakarna ist ein riesiger Dämon, der für seine enorme Größe, seine immense Kraft und seinen unersättlichen Appetit bekannt ist. Er ist der jüngere Bruder von Ravana, dem König von Lanka, und spielt eine wichtige Rolle im Epos Ramayana. Trotz seiner Loyalität zu Ravana wird Kumbhakarna als komplexer Charakter mit edlen Eigenschaften dargestellt. Aufgrund eines Fluchs schläft er sechs Monate am Stück und ist nur einen Tag lang wach, an dem er große Mengen an Nahrung verschlingt.

Als Ravanas Armee in der Schlacht gegen Rama eine Niederlage erleidet, erweckt Ravana Kumbhakarna, um sich dem Kampf anzuschließen. Obwohl Kumbhakarna die Untaten Ravanas erkennt, bleibt er ihm treu und beschließt, für seinen Bruder zu kämpfen. Seine beeindruckende Präsenz auf dem Schlachtfeld versetzt Ramas Truppen in Angst und Schrecken, und er richtet in den Reihen der Feinde großen Schaden an. Doch letztlich ist seine Macht der göttlichen Kraft Ramas nicht gewachsen.

In einem erbitterten Kampf setzt Rama seine himmlischen Waffen ein, um Kumbhakarna zu besiegen, der daraufhin heldenhaft fällt. Kumbhakarnas Tod bedeutet den bevorstehenden Untergang von Ravana und den Niedergang seiner Herrschaft. Seine Geschichte unterstreicht die Themen Loyalität, Pflicht und die tragischen Folgen der Unterstützung unlauterer Handlungen. Kumbhakarnas Charakter verleiht dem Ramayana mehr Tiefe und veranschaulicht, dass selbst Menschen mit edlen Eigenschaften durch fehlgeleitete Loyalität in die Irre geführt werden können.

Die Geschichte von Kumbhakarna im Ramayana lehrt, wie wichtig es ist, die eigene Loyalität mit Rechtschaffenheit und Gerechtigkeit in Einklang zu bringen. Trotz seiner edlen Eigenschaften und immensen Stärke führt Kumbhakarnas unerschütterliche Loyalität zu seinem Bruder Ravana zu seinem Untergang. Es zeigt die tragischen Folgen der Unterstützung ungerechter Angelegenheiten, selbst aus familiärer Pflicht heraus.

Mahishasura

Mahishasura ist ein mächtiger Dämon, der für seine Fähigkeit bekannt ist, sich in die Gestalt eines Menschen und eines Büffels zu verwandeln. Er übte intensive Buße, um von Brahma einen Segen zu erhalten, der ihn fast unbesiegbar machte, da kein Mensch oder Gott ihn töten konnte. Durch diesen Segen gestärkt, führte Mahishasura einen Feldzug des Terrors gegen die Götter, eroberte Himmel und Erde und vertrieb die Götter aus ihrer himmlischen Wohnstätte.

In ihrer Verzweiflung wandten sich die Götter an die göttliche Dreifaltigkeit Brahma, Vishnu und Shiva, die ihre Energien vereinten und die Göttin Durga erschufen. Durga, eine Kriegergöttin mit mehreren Armen, die jeweils eine Waffe halten, war dazu bestimmt, Mahishasura zu besiegen. In der darauf folgenden Schlacht nutzte Mahishasura seine Fähigkeiten zur Gestaltveränderung, um seine Gegner zu verwirren und zu überwältigen. Durga jedoch kämpfte mit ihren göttlichen Fähigkeiten und ihren strategischen Kampffähigkeiten erbittert und unermüdlich.

Nach einem langen und intensiven Kampf schlug Durga Mahishasura schließlich nieder, tötete ihn und stellte das Gleichgewicht im Universum wieder her. Mahishasuras Niederlage symbolisiert den Sieg des Guten über das Böse und die Macht des göttlichen Weiblichen. Seine Geschichte wird während des Navaratri-Festes gefeiert, insbesondere am Tag Vijayadashami. Die Geschichte von Mahishasura unterstreicht Themen wie Arroganz, Machtmissbrauch und den letztendlichen Triumph von Rechtschaffenheit und göttlicher Gerechtigkeit.

Maricha

Maricha ist ein Dämon, der im Ramayana eine wichtige Rolle spielt. Er ist der Sohn des Dämons Sunda und der mächtigen Zauberin Tataka, was ihn zu einer furchterregenden Gestalt mit bedeutenden magischen Fähigkeiten macht. Ursprünglich terrorisierte Maricha die Weisen und störte ihre Rituale in den Wäldern, was zu seiner ersten Begegnung mit Rama führte. Bei dieser Begegnung besiegte Rama Maricha, der nur knapp mit dem Leben davonkam und später aus Furcht vor Ramas Macht zum Einsiedler wurde.

Die wichtigste Rolle spielt Maricha später, als er von Ravana, dem König von Lanka, gezwungen wird, bei der Entführung von Sita zu helfen. Trotz seines Widerwillens und weil er seinen Untergang voraussieht, verwandelt sich Maricha in einen goldenen Hirsch, um Rama und Lakshmana von Sita wegzulocken. Seine bezaubernde Erscheinung zieht Sita in ihren Bann, die Rama bittet, den Hirsch für sie einzufangen. Rama, der spürt, dass etwas nicht stimmt, Sitas Bitte aber nicht abschlagen kann, jagt den Hirsch.

Schließlich erschießt Rama Maricha mit einem Pfeil und enthüllt seine wahre dämonische Gestalt. Mit seinem letzten Atemzug ahmt Maricha Ramas Stimme nach und bittet Lakshmana um Hilfe, was die Falle für Sita weiter vergrößert. Diese Täuschung führt dazu, dass Lakshmana Sita schutzlos zurücklässt und es Ravana ermöglicht, sie zu entführen. Marichas Rolle in dieser Handlung unterstreicht die Themen Täuschung, Pflicht und die tragischen Folgen, wenn man sich bösen Einflüssen hingibt. Seine Geschichte ist ein entscheidender Moment im Ramayana, der die Bühne für den darauf folgenden Kampf zwischen Rama und Ravana bereitet.

Putana

Putana ist eine furchterregende Dämonin in der hinduistischen Mythologie, die vor allem aus der Bhagavata Purana bekannt ist. Sie wird von dem bösen König Kamsa ausgesandt, um den kleinen Krishna zu töten, dem prophezeit wird, dass er Kamsas Zerstörer sein wird. Putana hat die Fähigkeit, ihr Aussehen zu verändern, und sie verkleidet sich als schöne Frau, um das Vertrauen von Yashoda, Krishnas Ziehmutter, zu gewinnen.

Als Putana das Dorf Gokul betritt, wird sie von den ahnungslosen Dorfbewohnern empfangen, die von ihrer Schönheit und Anmut bezaubert sind. Sie bietet sich an, den kleinen Krishna zu stillen, wobei ihre Brust mit tödlichem Gift beschmiert ist. Doch als Putana Krishna in ihre Arme nimmt und ihn zu stillen beginnt, erkennt Krishna ihre wahre Natur und saugt ihre Lebenskraft mit der Milch auf.

Da sie Krishnas göttlicher Macht nicht widerstehen kann, versucht Putana, sich zu befreien, aber Krishna hält sie fest und saugt sie vollständig aus. Sie verwandelt sich in ihre wahre dämonische Gestalt, einen hässlichen Riesen, und bricht tot zusammen, was bei den Dorfbewohnern großen Schock und Entsetzen auslöst. Trotz ihrer bösartigen Absichten erlangt Putana die Befreiung, weil sie das seltene Glück hatte, vom Göttlichen berührt zu werden.

Krishnas wundersamer Sieg über Putana unterstreicht seine göttliche Natur und den Schutz, den er seinen Anhängern bietet. Die Geschichte von Putana unterstreicht die Themen des göttlichen Eingreifens, des Triumphs des Guten über das Böse und der inhärenten Reinheit und Macht Krishnas. Ihr Untergang dient als eindringliche Erinnerung an Krishnas Rolle als Zerstörer des Bösen und Beschützer der Rechtschaffenen.

Shumbha und Nishumbha

Shumbha und Nishumbha sind zwei mächtige Dämonenbrüder, die in der hinduistischen Mythologie eine wichtige Rolle spielen, insbesondere im Devi Mahatmya, einem Teil des Markandeya Purana. Diese Asuras sind für ihre immense Stärke, ihre magischen Fähigkeiten und ihr Streben nach der Herrschaft über das Universum bekannt. Shumbha, der ältere Bruder, und Nishumbha, der jüngere, führten gemeinsam einen Feldzug, um die Götter zu stürzen und die Kontrolle über den Himmel zu erlangen.

Durch ihre strenge Buße und Hingabe erwarben sie von Brahma Gaben, die sie nahezu unbesiegbar machten und sie ermutigten, die Götter herauszufordern. Ihre Eroberungen führten zur Vertreibung der Götter aus ihren himmlischen Wohnstätten und verbreiteten Schrecken und Chaos. Da die Götter der Macht von Shumbha und Nishumbha nicht standhalten konnten, baten sie die Göttin Durga um Hilfe.

Durga, die die kollektive Energie der Götter verkörperte, nahm die Herausforderung an, die dämonischen Brüder zu besiegen. Ihre Schönheit und Macht faszinierten Shumbha, der, vernarrt in sie, Boten aussandte, um sie zu bitten, ihn zu heiraten. Durga, die göttliche Rechtschaffenheit verkörpert, lehnte seine Annäherungsversuche ab, woraufhin Shumbha seine Armeen ausschickte, um sie gefangen zu nehmen.

Shumbha

In der darauf folgenden Schlacht kämpfte Durga zusammen mit ihren wilden Erscheinungsformen wie Kali und den Matrikas tapfer gegen die dämonischen Kräfte. Nishumbha stellte sein Können unter Beweis und trat direkt gegen Durga an, wobei er seine Stärke und magischen Fähigkeiten unter Beweis stellte. Trotz seiner beeindruckenden Fähigkeiten und seiner verschiedenen Waffen wurde Nishumbha schließlich von Durga besiegt und getötet, die ihn mit ihrer göttlichen Macht niederstreckte.

Wütend über den Tod seines Bruders stellte sich Shumbha Durga selbst, was zu einem erbitterten und epischen Kampf führte. Shumbha nutzte seine Fähigkeiten zur Gestaltveränderung und seine enorme Kraft, um die Göttin zu überwältigen. Durga jedoch, unbeirrt und gestärkt durch ihre göttliche Natur, kämpfte mit unvergleichlicher Tapferkeit und strategischer Brillanz. Schließlich durchbohrte sie Shumbha mit ihrem Dreizack, besiegte ihn und stellte das kosmische Gleichgewicht wieder her.

Der Sieg von Shumbha und Nishumbha symbolisiert den Triumph des Guten über das Böse und die Macht des göttlichen Weiblichen. Ihre Geschichte, die während des Navaratri-Festes gefeiert wird, unterstreicht die Themen Demut, die Bedeutung rechtschaffenen Verhaltens und den unvermeidlichen Untergang derjenigen, die ihre Macht missbrauchen. Die Geschichte dieser dämonischen Brüder erinnert an den endgültigen Sieg von dharma (Rechtschaffenheit) über adharma (Ungerechtigkeit) und an die schützende Rolle der Göttin Durga bei der Aufrechterhaltung der kosmischen Ordnung.

Nishumbha

Ravana

Ravana ist einer der bekanntesten Antagonisten der hinduistischen Mythologie, der vor allem aus dem Epos Ramayana bekannt ist. Er ist der König von Lanka, der für seine Intelligenz, seine gelehrten Fähigkeiten und sein Können in der Kriegsführung bekannt ist. Ravana ist von Geburt an ein Brahmane, der Sohn des Weisen Vishrava und der Dämonin Kaikesi, was ihm eine einzigartige Mischung aus brahmanischer Weisheit und dämonischer Kraft verleiht. Er hat zehn Köpfe und zwanzig Arme, was sein enormes Wissen und seine Macht symbolisiert.

Als gläubiger Anhänger Shivas hat Ravana intensive Bußübungen verrichtet und mehrere Segnungen erhalten, die ihn nahezu unbesiegbar machten. Seine Arroganz und sein Wunsch nach Herrschaft führten dazu, dass er viele Reiche eroberte und Götter und Sterbliche gleichermaßen in Angst versetzte. Ravanas berüchtigtste Tat war die Entführung von Sita, der Frau von Lord Rama, die den Boden für einen monumentalen Konflikt bereitete.

Trotz seiner schändlichen Taten wird Ravana als komplexer Charakter mit bewundernswerten Eigenschaften dargestellt, wie etwa seine Hingabe an Shiva, seine Fähigkeiten als Politiker und seine Liebe zu seiner Familie. Sein Stolz und seine Machtgier führen schließlich zu seinem Untergang, als Rama mit Hilfe von Hanuman, Lakshmana und einer Armee von Verbündeten einen Krieg zur Rettung Sitas führt. In der entscheidenden Schlacht tötet Rama Ravana und symbolisiert damit den Sieg des Guten über das Böse.

Ravanas Geschichte betont die Folgen von unkontrolliertem Ehrgeiz und das moralische Gebot, Dharma (Rechtschaffenheit) aufrechtzuerhalten. Seine facettenreiche Persönlichkeit und sein tragisches Ende machen ihn zu einer fesselnden Figur der hinduistischen Mythologie, die sowohl die Höhen intellektueller und kriegerischer Leistungen als auch die Tiefen moralischen Versagens verkörpert.

Tataka

Tataka ist eine bemerkenswerte Dämonin in der hinduistischen Mythologie, insbesondere im Ramayana. Ursprünglich war sie eine schöne Yaksha-Prinzessin, die Tochter des Yaksha-Königs Suketu, und wurde mit Sunda verheiratet. Durch einen Fluch des Weisen Agastya verwandelte sie sich jedoch in eine furchteinflößende Rakshasi (Dämonin) mit immenser Kraft und einem furchterregenden Aussehen. Zusammen mit ihren Söhnen Maricha und Subahu richtete Tataka in den Wäldern in der Nähe der Einsiedelei des Weisen Vishwamitra verheerenden Schaden an.

Ihr unerbittlicher Terror gegen die Weisen und die Unterbrechung ihrer Rituale verursachten in der Region große Not. Auf der Suche nach Abhilfe wandte sich Vishwamitra an König Dasharatha, der seinen Sohn Rama in Begleitung seines Bruders Lakshmana schickte, um die Weisen zu schützen und den Wald von Tatakas Bedrohung zu befreien. Trotz ihrer gewaltigen Kräfte und ihrer furchterregenden Erscheinung war Tataka den göttlichen Fähigkeiten von Rāma nicht gewachsen.

In dem darauf folgenden erbitterten Kampf kämpfte Rama unter der Führung von Vishwamitra tapfer gegen Tataka und besiegte und tötete sie schließlich. Dieses Ereignis markierte eine von Ramas ersten bedeutenden Taten der Tapferkeit und des Heldentums, die sein Engagement für Dharma (Rechtschaffenheit) unter Beweis stellten. Der Sieg über Tataka stellte nicht nur den Frieden im Wald wieder her, sondern demonstrierte auch Ramas Rolle als Beschützer der Rechtschaffenheit und als Bezwinger des Bösen.

Tatakas Geschichte beleuchtet Themen wie die Verwandlung durch Flüche, die zerstörerischen Folgen unkontrollierter Macht und den letztendlichen Triumph des Guten über das Böse durch göttliches Eingreifen.

Vyomasura

Vyomasura ist ein Dämon in der Hindu-Mythologie, der für seine Gerissenheit und Bösartigkeit bekannt ist. Er ist der Sohn des großen Dämons Mayasura und berüchtigt für seine Fähigkeit, die Gestalt zu wechseln. Vyomasuras bedeutendste Begegnung ist die mit dem jungen Gott Krishna während Krishnas Zeit in Vrindavan.

Eines Tages infiltriert Vyomasura eine Gruppe von Kuhhirtenjungen und nimmt selbst die Gestalt eines Kuhhirten an. Er gibt vor, bei ihrem Spiel mitzumachen, bei dem einige Jungen die Rolle von Dieben und andere die von Kühen spielen. Vyomasura nutzt die Gelegenheit und entführt die Jungen, die die Rolle der Kühe spielen, und versteckt sie in einer Höhle.

Als Krishna bemerkt, dass seine Freunde verschwinden, macht er Vyomasura ausfindig. In einem erbitterten Kampf überwältigt Krishna mit seiner göttlichen Kraft den Dämon. Trotz Vyomasuras Versuchen, mit Hilfe seiner Gestaltwandlerfähigkeiten zu entkommen, besiegt Krishna ihn und stellt die Sicherheit und den Frieden für seine Freunde und die Region wieder her.

Vyomasuras Geschichte unterstreicht Krishnas Rolle als Beschützer und Retter und betont die Themen des göttlichen Eingreifens und des Triumphs des Guten über das Böse. Diese Begegnung unterstreicht auch Krishnas scharfe Wahrnehmung und Tapferkeit beim Schutz seiner Lieben.

www.ingramcontent.com/pod-product-compliance
Lightning Source LLC
Chambersburg PA
CBHW042021150426
43197CB00003B/97